A LA MÉMOIRE

DE

Monsieur Albert Tenant de La Tour

UNE FAMILLE... UN HOMME

PARIS

1917

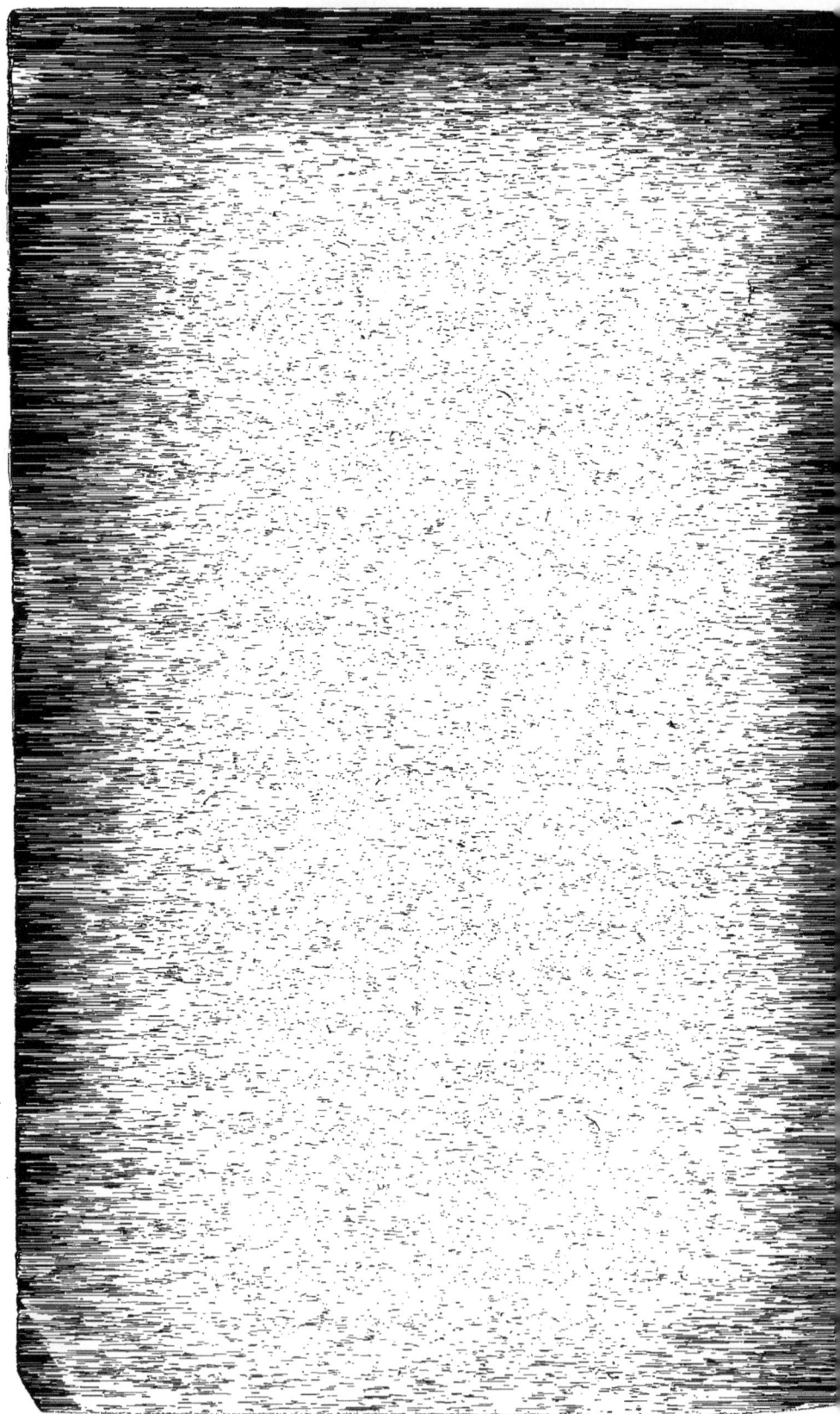

A LA MÉMOIRE

DE

Monsieur Albert Tenant de La Tour

UNE FAMILLE... UN HOMME

PARIS

1917

ARMES DES TENANT

La branche de **Champs,** d'où provient celle de **La Tour**, portait : *d'or, à l'Ancre de sable, accompagnée en chef de deux Étoiles de gueules* (Maintenue de 1682).

La branche de **Razac** portait : *d'or, à l'Arbre de sinople terrassé de même, accompagné en chef de deux Merlettes affrontées de sable* (Maintenue de 1666).

TIRÉ A CENT EXEMPLAIRES

UNE FAMILLE... UN HOMME

Monsieur Albert TENANT DE LA TOUR a été enlevé, en quelques minutes, par une angine de poitrine, le 6 avril 1917.

Aucun des siens n'était à ses côtés ; la guerre ajoutait à la mort l'isolement. Cette fin était, — au moins par sa promptitude — celle qu'il avait toujours souhaitée : l'entrée dans la vie éternelle en pleine conscience, encore en pleine force, sans avoir subi les dures transitions de la déchéance physique ni les lenteurs de l'agonie.

Sa longue vie de quatre vingt deux ans — il était né à Saint Yrieix le 12 mars 1835 — l'avait laissé droit et ferme, au physique comme au moral. Son beau visage, aux traits aquilins, modelé à souhait pour s'harmoniser avec le cadre archaïque de cette Abbaye du Chalard où il vécut, restait sans rides ; son esprit demeurait net, sa parole souple, son style pittoresque et châtié, et, quand il ajoutait quelques vers au recueil poétique que sa modestie voulut garder inédit, il savait encore leur donner la vigueur et l'éclat du beau métal littéraire.

Ces pages, trop peu nombreuses, pour exprimer dans son ampleur sa forte et savoureuse personnalité, en laisseront, du moins, l'esquisse.

Ses traits dominants furent : la prédilection pour son pays natal, l'estime pour l'épée, le goût fervent des lettres.

Il les devait à ses dons personnels, sans doute, mais aussi à une hérédité trop caractérisée, pour que, en parlant de lui, il soit aisé de la laisser dans l'ombre.

Sa famille est de celles qui, profondément enracinées dans leur province, s'y plaisent mieux que partout ailleurs, et ne la quittent jamais sans espoir de retour. Non pas qu'elle soit casanière, ou étroitement régionaliste ; éprise seulement du pays où elle s'est lentement formée. Un de ses membres écrivait, au milieu du siècle dernier, cette phrase que tous auraient pu signer : « *Il est une chose, Madame, une seule à la vérité, qui tend à me persuader que j'ai deux cœurs : Je ne puis jamais perdre de vue pour un trop long terme, ni les tours de Notre-Dame, ni l'humble clocher à l'ombre duquel je suis né* ».

Cette union d'un intérêt profond pour la vie générale du pays et d'une tendresse de prédilection pour le tout petit coin natal, se retrouve à chaque page de la modeste histoire dés Tenant de Champs, de Razat, de La Tour.

Originaires, très probablement, de l'ancien alleu qui porte encore leur nom : *La Tenentie*, village avoisinant Lubersac, Les *Tenent* : (telle est l'orthographe primitive et latine de leur nom) s'établirent plus tard dans lés environs immédiats de Saint-Yrieix, à une époque que les vraisemblances historiques permettent de situer entre 1200 et 1240. Un acte des archives de Pau du 9 mars 1440 mentionne en effet, qu'à cette dernière date : « *ils se ont acostumé tenir de toute ancienneté... nostre vilage de Farges en nostre chastelenie de Saint Yriey.* » Ils y étaient vassaux directs des vicomtes de Limoges. Un autre village, également assez rapproché de la ville, leur appartenait aussi « *d'antiquité* », le 6 juin 1486, et un texte conservé dans un volume de la Collection du Périgord prouve qu'en 1413 et 1414, le chef de la famille s'appelait Aymeric Tenent de La Rebeyrolle. Les Farges et La Rebeyrolle étaient autrefois deux gros hameaux d'au moins une dizaine de feux chacun.

A la fin du xv⁶ siècle, cette souche primitive se partage en deux branches. L'une reste sur place, fixée au « *repaire de Champs, lais la ville de Saint-Yrieix* », qu'elle tient de Françoise de Bretagne depuis décembre 1462, l'autre s'établit un peu plus loin, à Razat, près de Thiviers. Deux siècles plus tard, en 1674, pendant que ses aînés de « *la maison de Champs* » finissaient en quenouille : « *François Tenent de Champs, escuyer, sieur de Bort* » vint fonder au « *repaire de la Tour* », dans la paroisse du Chalard, une branche nouvelle, la dernière et la seule qui subsiste. Il y remplaçait sa tante « *feue damoyselle Gabrielle Tenent de Champs, veufve de feu Jean de Jumilhiat, escuyer, sieur d'Etiveau et cohéritière d'iceluy avec Messire Gabriel du Mas, seigneur de Peyzac* ».

Comme on le voit, ces foyers nouveaux ne s'éloignaient guère des régions d'origine. Les alliances, elles aussi, n'en sortaient pas. La plus ancienne, connue de nous, unit les Tenent à une famille chevaleresque des environs d'Hautefort. Cinquante ans, presque jour pour jour, après qu'un de ses parents le damoiseau Aymeric del Causse fût à Saint-Jean d'Acre (1250), Géraud del Chauze, mari de Raymonde Tenent, vendait, le 16 août 1300, avec le donzel Pierre Adhémar, des rentes à Guillaume de Hautefort. A partir du xv\ siècle, pendant qu'à Razat on s'unissait aux Flamene de Bruzac, Boussignac, Vigier, Saunier, La Marthonie et Béron ; à Champs c'était avec les Sanzillon qu'on s'alliait, ou avec les Gentil de La Jonchapt, les Jaubert de Nantiat, Joussineau, Saint-Martin, Boisseuil ; toujours, par conséquent, dans un voisinage restreint.

Cette attache au terroir ne nuisait du reste, en rien, à l'esprit d'aventure. Dès la première moitié du xvi\ siècle, un des Tenent entrait, tout limousin qu'il fût, dans la Garde Écossaise, dont il était, en 1545, « *au chastel de Vendôme* », un des vingt-quatre archers, sous la conduite du sieur de Lorges.

Avant cette époque, qui marque leur premier contact avec la vie générale, les Tenent étaient restés uniquement occupés d'intérêts régionaux.

La confiance des vicomtes de Limoges leur donna, pendant tout le xv\ siècle, une part importante dans l'administration des grands fiefs de la Maison de Bretagne. On sait que, depuis son avènement, cette nouvelle dynastie avait remis à quelques *officiers* l'ensemble de ses pouvoirs suzerains. Exploitation et conservation du *Domaine*, maintien de l'ordre, réception des hommages, négociations d'ordre politique, telles furent les charges multiples et, combien difficiles à certaines heures, de ces représentants des princes bretons, puis des d'Albret, rois de Navarre. Ils y ajoutaient communément la coopération militaire pendant la guerre de Cent-Ans. Nécessité faisait loi, et, durant ces périodes tragiques, tout l'entourage de Jean de l'Aigle, par exemple, avait les armes à la main. En 1450, c'était un prêtre, son *secrétaire*, Jean Ranconnet qui avait « *la charge des Arbalestriers* ». Étienne Tenent, seigneur de la Prunie, dont Jean de l'Aigle lui avait donné, en Juillet 1445, les rentes avec moitié des dîmes, fut « *juge des Appeaux de la Comté de Périgord et Vicomté de Limoges* ». Il est vraisemblable même, à en croire une lettre de 1442, qu'il y avait également rempli les fonctions de *Juge Général*. Un second Étienne, *noble et scientifique homme* (1473), reçut en 1477, *la procuracion générale* d'Alain d'Albret pour la Vicomté. Un troisième, lieutenant général, en 1486, d'Antoine de Bonneval, viguier de Saint-Yrieix, fut *Commissaire* de Charles VIII, en 1493.

Les uns et les autres furent mêlés à des affaires importantes, souvent à leurs risques et périls. Il existe en particulier dans un volume de Doat, tel mémoire du sieur de la Mabilière sur la « *Réformation de la Justice* », qui montre quelle vigueur courageuse il fallait déployer, même à la fin du xvᵉ siècle, dans nos pays bouleversés pendant de si longues années pour y remettre un peu d'ordre. Il n'y avait plus guère « *façon de justice* », et le Procureur Général eut en particulier toutes les peines du monde à pacifier la châtellenie de Masseré, où les délinquants terrorisaient les *officiers* inférieurs, en envahissant leur prétoire, l'arquebuse à la main et « *Mèche allumée* ».

Quand ils quittèrent leur petite patrie, les Tenent vinrent servir dans les corps d'élite de l'ancienne armée: Archers de la Garde, comme ce *Loïs* dont nous parlions naguère ; *Gentilshommes de l'Hostel* (1617-1629)' ; Gardes du Corps (1745-1814).

S'il eut fallu à l'esprit militaire d'Albert de la Tour, d'autres encouragements que ces traditions, il les aurait trouvés partout dans ses parentés immédiates.

Sa grand'mère maternelle, Madame de Magnac, née L'Hermite de Rochebrun, fille de Marguerite de Raymond de Beausoleil, le rattachait par des liens multipliés, aux plus anciennes maisons de chevalerie en Limousin et en Périgord.

Ses aïeules étaient nées : Bonneguise, Pompadour, Bruchard, Lestrade de la Cousse, La Faye, Vaucocour, Esmoin, Tessières, et, pour qui sait notre histoire locale et, même dans certains cas l'Histoire tout court, ces noms suffisent.

Quant à sa grand'mère paternelle, Madeleine de la Morelie de Masvieux, elle était fille d'une La Vergne et, par sa mère, Jeanne de Bordes, arrière-petite fille de Suzanne de Bonneval. et d'une Lambertie, née du mariage d'un chevalier de l'ordre avec Catherine de Rochechouart.

Tous ceux dont les exemples, pieusement sauvés de l'oubli, formè-rent la mentalité enfantine d'Albert de la Tour, ses bisaïeux, ses grands-pères, ses grands-oncles étaient officiers, et, la plupart, cheva-liers de Saint-Louis.

Le château de Beausoleil, à Sarlande, où il fut élevé, était plein du souvenir de « *Monsieur le chevallier de Magnac, maréchal des logis de la seconde compagnie de mousquetaires* (1762), de *Messire François de L'Hermite, chevalier seigneur de La Ménardie, ancien capitaine commandant au régiment de La Fère-Infanterie, de Messire Louis Philibert Machat de Pompadour, chevalier, seigneur marquis de Châteaubouchet et d'Angoisse* ». Au Chalard, à Saint-Yrieix, il retrou-vait la mémoire, vénérée par tous, d'un aïeul mort presque centenaire en 1818, « *Messire Mathieu Tenant, chevalier, seigneur de La Tour, garde du corps dans la compagnie écossaise, commensau du roi* ». Les soldats de l'empire avaient leur représentant dans cette pléiade royaliste, puisque le grand-oncle d'Albert, Monsieur de Magnac, adjudant-major du général de Lasalle, avait été tué à ses côtés, dans la charge fameuse de Wagram.

En tout autre temps que ces dures années de guerre, cette évocation de noms anciens, faite dans les termes mêmes des pièces d'Archives manquerait d'intérêt.

Actuellement, elle se justifie, par cela seul qu'elle donne, pour sa modeste part, une explication du ressort militaire de la race française, qui a tant étonné ceux qui oublient le passé.

C'est parce qu'il avait appris tout jeune, par bien des côtés et bien des voix enthousiastes, la religion de l'honneur militaire, en même temps que la Religion, qu'Albert de la Tour s'engagea en 1870, à quarante ans. S'il ne fut simplement qu'un capitaine de *mobilisés*, nommé d'ailleurs unanimement par ses concitoyens, c'est que l'occa-sion lui manqua de faire mieux.

Par lui du moins, la tradition, qui lui avait enseigné le sacrifice absolu au devoir, et, à l'honneur, qui n'en n'est après tout que le luxe, vint à ses fils dans toute son intransigeante pureté. Il est malheu-reusement probable que les inquiétudes de la guerre abrégèrent sa vie, mais, il est plus sûr, qu'il fût mort de chagrin, s'il eut compté parmi ses quatre enfants un seul *embusqué*. Il n'eut pas à subir cette honte.

Tous ont servi jusqu'au sang : deux croix de la Légion d'honneur, vingt citations, de nombreuses blessures, trois morts à l'ennemi, l'une en plein ciel, sur un avion de chasse (1), les deux autres sur du sol français reconquis, forment leur part actuelle dans le sacrifice et la récompense. C'est pour leur nom une gloire douloureuse, mais qui leur est chère, que, chaque jour, des soldats de France, puissent lire dans une « tranchée » et un « boyau » de Lorraine et de Champagne, que deux d'entre eux ont acquis le droit de les baptiser en y versant leur sang (2). Leur père en eut été fier comme il l'avait été de lire, signé de noms autorisés, l'éloge de ses fils : « *superbes soldats, officiers de tout premier ordre, animés des plus hautes vertus militaires* ».

Aucun d'eux, d'ailleurs, n'avait oublié que la meilleure part de cet hommage revenait aux causes lointaines : traditions de famille et leçons paternelles.

Le goût de la haute culture et de tout ce qui développe la vie de l'esprit s'unit souvent à celui des armes. Ce fut presque uniformément le cas dans la famille d'ALBERT DE LA TOUR.

Déjà, au début du xve siècle, pendant la période aiguë, du moins pour nos pays, de la guerre de Cent Ans, malgré la pénurie des ressources et l'éloignement des Universités, *Étienne Tenent* avait reçu l'instruction supérieure de son temps, et, passé cette *licence ès lois* qui était une noblesse personnelle ajoutée à l'autre. Les plus vieilles familles de nos pays comptaient de nombreux *licenciés ès lois,* à cette époque qui, malgré tant de misères, fut lettrée avec passion. Il serait facile d'en donner la preuve multipliée, si cette notice devait traiter ce sujet autrement qu'à l'occasion.

Chez les Tenent, l'exemple d'Étienne fut suivi pendant toute la durée du siècle. Qu'ils fussent du *Conseil* de Jean de Bretagne ou d'Alain d'Albret, qu'ils fussent d'Église, tous ceux que nous connaissons alors furent lettrés ou, comme on disait, *gradués.* Lettrés : le chanoine Étienne, licencié ès lois (1470-1501), *lettré encore* le Chape-

(1) MATHIEU TENANT DE LA TOUR, Capitaine Commandant la S.P.A.D. 26, tué à Auchel, le 18 décembre 1917.

(2) FRANÇOIS TENANT DE LA TOUR, lieutenant au 8e Cuirassiers, Capitaine détaché au 78e d'Infanterie, tué au bois Mortmare, le 13 avril 1915.

RAYMOND TENANT DE LA TOUR, lieutenant au 126e d'Infanterie, tué en Champagne, le 17 avril 1917.

lain de Montagnac, Audoin, et, toujours dans ce même chapitre de Saint Yrieix, *Maître Francois Tenent*, qui y porta la crosse abbatiale de *Doyen* (1562-1576) après tant de prédécesseurs illustres : Maumont, des Cars, Salignac, Gontaut, Bourdeille ; et qu'une rencontre piquante fit le successeur direct de l'*Abbé* très médiocre, mais de l'écrivain savoureux qu'était Brantôme. Celui-ci d'ailleurs montre dans ses Mémoires pour ce bénéfice qu'il résigna, un complet dédain. Saint-Yrieix n'était pour lui qu'une : « *vieille bicoque en Limousin.....* »

De nos jours, cette tradition littéraire s'était maintenue assez vivace, pour que, sans être des écrivains professionnels, le grand-père d'Albert de La Tour et son oncle aient gardé, dans l'histoire des lettres, une place des plus honorables. Le premier, Jean-Baptiste de La Tour, semble bien avoir pris à son compte le mot de Ménage qu'il écrivait en exergue d'un de ses livres : « *Les lettres ont toujours été la passion des honnêtes gens* ». Elles furent la sienne. Garde du Corps de Louis XVIII aux Cent-Jours, il galopait derrière la voiture royale, avec, dans sa musette, deux éditions rares..., qu'il lisait, à l'occasion, dans les haltes : Le Tasse et l'Imitation de J.-C. Plus tard, le labeur d'une grande situation administrative — il fut sous la Restauration, chef de la Division du Personnel à l'Administration des Postes —ne ralentit en rien ses ardeurs de bibliophile. Quand, en 1830, à cinquante ans à peine et sans qu'il fut un *Ultra*, d'honorables scrupules l'amenèrent à briser une carrière que tout faisait présager plus brillante encore, il écrivit l'histoire de ses trouvailles bibliographiques dans les *Mémoires d'un Bibliophile*, qu'un juge peu porté à l'indulgence, Sainte-Beuve, déclare *très curieux et spirituels*.

D'illustres et nombreuses amitiés honorèrent sa vie. Il les méritait sans doute, à en croire ce témoignage de Saint-Marc-Girardin :

« *Paris, 29 août 1862.*

« *Votre père était un des hommes que j'aimais et que j'estimais le plus ; spirituel et bienveillant, d'une érudition charmante qu'animait si bien sa vivacité d'esprit et sa rare sagacité sur les hommes et les choses : n'être pas dupe et rester bon, c'est là un privilège qui n'est accordé qu'à ceux : quos æquus amat Jupiter* »

Son fils Antoine, après de brillantes études, couronnées par l'École Normale, dont il sortit troisième, et l'agrégation des Lettres, devenait à vingt et un ans, par choix personnel de la reine Marie-Amélie, précepteur du duc de Montpensier. Il connut de la vie de cour tout le brillant, mais aussi de la vie d'exil, à la suite des princes, toute l'amertume. Il avait accompli sa tâche délicate avec un soin qui lui valut ce touchant remerciement dans le *Testament de la Reine* :

« *Je remercie de tout mon cœur, Monsieur de La Tour pour les soins qu'il a donnés à mon bien-aimé fils, en lui formant le cœur et l'esprit.* »

Tour à tour *Secrétaire des Commandements* de son ancien élève ; *Gentilhomme d'honneur* de la reine d'Espagne ; mêlé de la manière la plus étroite aux joies, comme aux deuils et aux vicissitudes de la famille royale, ses fonctions absorbantes ne paralysèrent pas son activité littéraire. Presque chaque année, il écrivait un livre, et, toujours, avec distinction. Il fut un des premiers collaborateurs du *Correspondant*.

Charles de Montalembert lui écrivait de Paris, le 23 avril 1858 :

« *Le succès universel qu'a obtenu votre article sur Béranger dans la dernière livraison du Correspondant, a déterminé le conseil de rédaction à vous supplier, par mon entremise, de vouloir bien nous donner le plus tôt possible, un nouvel article et nous vous proposons comme sujet : Alfred de Musset..... Monsieur de Broglie, Monsieur Lenormant, Monsieur Cochin, tous en un mot me chargent d'insister auprès de vous, et, de vous représenter qu'un travail de vous sur ce personnage aurait une opportunité fort grande, avant qu'il ne serve de matière au prochain discours académique.* »

Quelques années avant sa mort, le vicomte de Pontmartin traçait de lui cet aimable portrait :

« *... Mais de toutes les figures amies, disparues hélas ou entrevues dans le lointain, la plus présente, la plus vivante, la plus souriante, celle dont j'aime le mieux vous parler, c'est celle de Monsieur votre frère, Antoine de La Tour. Ce n'est pas chez Charles Nodier ou chez Victor Hugo que je l'ai rencontré, mais chez MM. Cuvillier-Fleury et Marmier, tous deux membres de l'Académie française. Il était, en des temps plus heureux, un des habitués des Dimanches de Marmier où se sont succédés bien des hommes illustres ou éminents de notre époque, presque tous aujourd'hui naufragés comme nous. M. Antoine de La Tour m'a tou-*

jours inspiré la plus profonde sympathie. Outre son talent de poète, ses remarquables traductions, sa connaissance parfaite des langues étrangères, qui résisterait aux charmes de cette piété si douce, de ce caractère si égal, de cet esprit si fin et si aimable? Son nom réveille en moi une sorte de remords : il est si modeste, si peu exigeant que je crains de ne pas lui avoir fait une place assez large dans mon interminable galerie des samedis. C'est pour moi une bien grande privation de ne plus revoir ces hommes si spirituels et si distingués, Cuvillier-Fleury, Antoine de La Tour, Xavier Marmier, Jules Sandeau, etc.»

Cet éloge a du prix, surtout quand on se souvient, que, la critique de Pontmartin, spirituelle et souvent mordante, n'avait rien du genre bénisseur. Le dernier passage de cette lettre met en relief un trait qu'il faut fixer parce qu'il était essentiel chez Antoine de La Tour comme chez son père : l'absence de toute ostentation, le dédain instinctif de tout ce qui, en exagérant mérite ou naissance, conduit d'ordinaire à les faire contester. Soit qu'on lise leurs livres, soit qu'on essaie de déterminer le rôle qu'ils eurent, à la Cour ou à la Ville, une impression identique s'en dégage aussitôt. Ces deux hommes, que tout montre « considérables » — les services rendus, les fonctions occupées, les affaires où leur avis fut demandé, leurs relations, le ton que prennent, en s'adressant à eux, les plus grands personnages de l'État, — tinrent à leur époque, une place de beaucoup supérieure à l'opinion qu'ils eurent d'eux-mêmes, et leur valeur ressort d'autant mieux qu'elle s'est moins affichée.

Entre tant de preuves, appuyées des noms les plus illustres, que je pourrais citer, je m'arrête à cette lettre de Guizot à Antoine de La Tour, dont les termes confiants frappent, sortis d'une plume, toujours grave et, facilement hautaine :

« Val Richer, 25 Juin 1867.

« Je suis fort aise aussi, Monsieur, que ce volume vous ai satisfait. Personne n'est meilleur juge que vous de ces « Souvenirs ». Vous êtes de mon temps, vous le connaissez et vous l'aimez. J'ai reçu, de l'un des hommes considérables qui en sont aussi, un compliment auquel j'ai été très sensible : C'est un livre, m'a-t-il dit, avec lequel l'avenir aura à compter (1). C'est ce que j'ai désiré et un peu espéré, en l'écrivant. »

---

(1) Le 8ᵉ Tome des Mémoires.

Antoine de La Tour avait horreur — le mot convient rigoureusement — de toutes les vanités. Il ne portait que, le moins possible, ce
titre « d'*Excellence* » auquel lui donnait droit sa charge à la Cour
d'Espagne, et, il ne voulut jamais conserver, en permanence, la quali-
fication de « *Comte* » qui lui était communément donnée dans les Cours
Européennes, où ses intimités avec les princes l'introduisaient. Le duc
de Montpensier dût souvent interposer son amicale autorité pour le
faire se plier à ce qui était de rigoureuse étiquette, dans ces cercles très
fermés où il fréquentait, aux dîners de l'Empereur d'Autriche par
exemple. En revanche, quiconque s'adressait à lui, le trouvait empressé
à s'entremettre pour rendre service.

Il ne savait guère refuser, et, pour qui garde sous les yeux les cen-
taines de lettres signées de tous les noms, des plus humbles aux plus
illustres solliciteurs, ce billet de Sainte-Beuve apparaît un juste hommage :

> « *Ce 10 Avril 1844.*
>
> « *11, Rue Montmartre.*
>
> « *Mon cher ami,*
>
> « *J'ai vu de bien belles et touchantes choses à vous adressées et qui
m'ont prouvé si je ne l'avais deviné déjà combien vous avez pratiqué la
poésie et la bienfaisance à la Cour...* »

Albert de La Tour était, tout ensemble, l'exact portrait des siens et
une nature rigoureusement personnelle. La race se fondait en lui avec
l'originalité. Fils de terriens, séculairement enracinés, il était rural de
goûts, autant que quiconque ; survivant d'une époque à laquelle le
rattachait son âge et l'extrême longévité des siens, il avait gardé les
raffinements d'une politesse, qui devient, hélas ! surannée ; à quatre-
vingts ans, il se découvrait, avec une précipitation empressée, devant
qui que ce soit, venant à sa rencontre dans les rues de son petit village ;
retiré dans une solitude séparée des grands centres, il conservait pour
toute actualité littéraire, politique ou sociale, une curiosité sans cesse
en éveil. Il fut, jusqu'à ses dernières heures, une intelligence aux
aguets. Non pas qu'il ait été prompt à se laisser influencer ; peu d'hommes furent, plus nettement, eux-mêmes ; mais il voulait savoir et
connaître. Lui aussi, eut, toute sa vie, l'horreur de ce qui est forcé,
excessif, de tout étalage, et le souci de ce parfait achèvement de
l'éducation, comme de la courtoisie française, qu'est la mesure. Il

tenait, très fermement, à ses opinions traditionnelles, d'un royalisme toujours modéré, mais absolu ; au nom qui lui avait été légué, et, à la vieille honorabilité dont il jouit dans sa région. En revanche, il n'engageait jamais sans répugnance une discussion qui eût pu blesser, et, il savait ménager jusqu'aux préjugés. Sa parole mordante, implacable surtout aux sottises de la vanité, ne s'est jamais attaquée aux humbles. Il détestait toute « *morgue* ». Rien ne lui semblait plus piètre, ou, comme il disait volontiers moins *gentilhomme*. Très susceptible, trop peut-être, sur le point d'honneur, il ne comprenait pas l'intempérance de langue ; l'impertinence surtout avait le don de l'exaspérer, et, il n'admettait pas qu'on pût atteindre à la réputation sans être immédiatement prêt à en rendre raison.

Comme il fallait s'y attendre, chez une nature aussi combative, ses préférences de jeune homme l'avaient porté vers les armes. Il voulait être marin. Un incident fâcheux — querelle de jeunes gens sans véritable gravité morale — l'empêcha d'entrer à Navale à laquelle il s'était préparé avec un succès exeptionnel.

L'amitié du maréchal Forey, très lié avec son père, le fit admettre dans l'entourage du maréchal de Mac-Mahon, au Gouvernement Général de l'Algérie, où il resta jusqu'aux environs de 1870. Il se maria à Alger avec Mademoiselle Emma Koecklin, de la famille alsacienne bien connue. Veuf prématurément, il se remaria avec une femme de la plus haute distinction, morte encore jeune, qui lui avait donné huit enfants, Mademoiselle Costis de la Serve. Après sa rentrée en France, un peu avant la dernière guerre et un court passage dans l'Administration des Finances, il vint, jeune encore, se retirer au Chalard.

La vie qu'il y mena ne l'a pas fait connaître du grand public. Toute consacrée à l'érudition personnelle, elle le fit du moins apprécier, et, saluer comme un maître par un groupe choisi de jeunes gens. Que de fois, en écoutant sa parole originale ; en l'entendant exprimer ces remarques, dont la justesse profonde ouvrait, soudainement, comme une percée lumineuse sur l'histoire ; en notant l'imprévu, la finesse, la psychologie subtile et nuancée de ses observations, de bons juges n'ont-ils pas regretté que cet homme, que, tout révélait éminent, le regard, la langue riche et colorée, la verve aiguë et soudaine, n'eut pas publié une de ces œuvres magistrales dont ils le savaient capable.

A vrai dire, il eût pu en être ainsi, sans les circonstances qui décident souvent pour ou contre les intentions humaines. Chargé en Algérie du dépouillement des archives des consulats, il en avait tiré sur les Corsaires barbaresques et les Échelles du Levant, une somme énorme de documents. La guerre de 1870, le retour en France, les nécessités de sa carrière furent un obstacle matériel insurmontable à la publication immédiate. Après, il était trop tard. D'ailleurs, ses Archives de famille elles-mêmes, quand il eut repris contact avec elles, le détournèrent de tout autre travail personnel. Un siècle de relations illustres les avaient faites copieuses et, d'un extrême intérêt. Il y trouvait des milliers d'autographes signés par les noms les plus éminents, princes, grands seigneurs, littérateurs, poètes, critiques, hommes d'État et hommes du monde. La correspondance de la reine Marie-Amélie compte, à elle seule, deux cent vingt-sept lettres, datées de l'exil.

Les classer, s'imprégner chaque jour plus intimement de cette histoire, tiède encore de la vie, était trop conforme à ses goûts pour qu'il ne s'y attachât pas. Les années passèrent ainsi, doucement remplies, sans une heure de désœuvrement ou de lassitude; mais, elles lui apportèrent, peu à peu, ce dégoût des méditatifs et des solitaires pour l'expression qui cristallise trop vite la pensée qu'ils ne se lassent pas d'approfondir. Il faisait seulement, de loin en loin, quelque sonnet, qu'il forgeait, vers par vers, en suivant, sa pipe à la bouche, les sentiers sous bois; je citerai celui-ci consacré à une de ses études préférées l'Archéologie.

LE MUSÉE DES ANTIQUES

Quand des temples déserts furent chassés les dieux,
Des marbres mutilés gisaient dans la poussière,
Le destin leur ouvrit un nouveau sanctuaire
Sous les arceaux, où, règne un silence pieux.

L'homme ne lève plus son regard jusqu'aux cieux,
Implorant leur secours, tremblant sous leur colère.
Mais, l'Art, de son flambeau radieux les éclaire;
La foule, avec respect, s'incline encore vers eux.

Deux mille ans sont passés, et, l'idole abattue,
Garde, dans sa beauté superbe de statue,
L'ineffaçable éclat de sa divinité.

Le Dieu qui des autels autrefois l'a bannie
Lui laissa le rayon de la gloire infinie,
Dont la splendeur lui rend son immortalité!

C'est ainsi que, peu à peu, s'en est allée sa vie. Elle s'est close, assombrie par ses douleurs de père, mais sur le double amour de ses longues années : les lettres et les pauvres. Il lisait le matin de sa mort et il sortait de l'enterrement d'une malheureuse veuve; mère de sept enfants, quand l'embolie est venue le terrasser. Les livres l'ont aidé à vivre, au milieu de ses inquiétudes, et les humbles lui ont rendu affection pour affection. Il est rare que les habitants d'une paroisse, remplacent, nuit et jour, pendant cinq journées, la famille absente... C'est ce qui s'est passé au Chalard, où les fils à la guerre furent suppléés par la population. Il est rare de voir des étrangers pleurer sur une douleur les larmes qui ne trompent pas; d'entendre ces réflexions spontanées, ces plaintes, ces regrets qui unissent vraiment le chagrin général à la désolation des proches. Le 11 avril 1917, la vieille église romane du Chalard, si aimée de celui qui y entrait pour la dernière fois, a vu tout cela... très simple, très profond, très beau...

GEOFFROY DE LA TOUR,

Aumônier militaire
de la 24ᵉ Division d'Infanterie.

IMP. CHAIX
PARIS
16572-12-17.

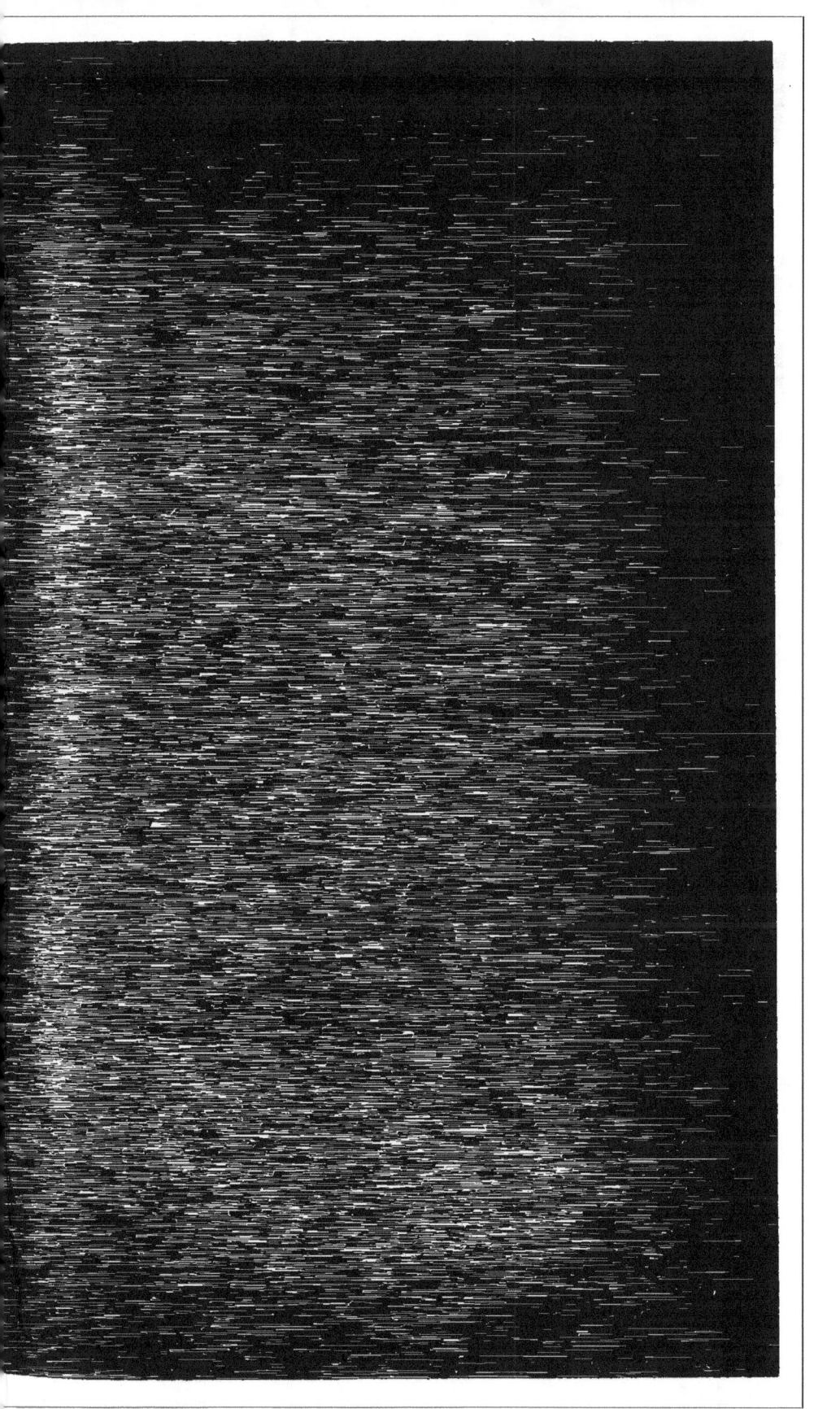

www.ingramcontent.com/pod-product-compliance
Lightning Source LLC
Chambersburg PA
CBHW061804040426
42447CB00011B/2467